RÉORGANISATION

DE

L'ADMINISTRATION COMMUNALE

ET DÉPARTEMENTALE.

PAR M. AMÉDÉE DE CESENA.

PARIS

CHEZ GUILLAUMIN ET Ce, LIBRAIRES,

Éditeurs du *Journal des Économistes*, de la *Collection des principaux Économistes*,
du *Dictionnaire du Commerce et des Marchandises*, etc.

Rue Richelieu, 14.

—

1848

EXTRAIT DU JOURNAL DES ÉCONOMISTES (N° 89, 1ᵉʳ OCTOBRE 1848).

RÉORGANISATION

DE

L'ADMINISTRATION COMMUNALE

ET DÉPARTEMENTALE.

I. De l'administration civile avant 1789.

Lorsqu'on élève un bâtiment quelconque, maison, temple ou palais, avant de jeter dans les airs le toit, le dôme ou la voûte que ce bâtiment doit supporter, on établit les fondements, on construit les murs. C'est là un procédé qui, pour être très-vieux, n'en est pas moins excellent. Celui qui s'aviserait de vouloir le changer serait pris en pitié par les maçons qui le déclareraient, à l'unanimité, atteint de folie. Et cependant, il ne ferait qu'imiter nos législateurs modernes, lesquels agissent exactement comme agirait un architecte qui voudrait dresser le faîte d'un monument, avant d'en avoir posé la première assise.

Dans la Constitution d'un Etat, comme dans le plan d'un édifice, il y a le sommet. Ce sommet, c'est le pouvoir central ou le gouvernement. Mais il y a aussi la base et le pourtour. Nous voyons la base dans le premier degré et le pourtour dans le second degré de l'administration du pays. Le premier degré se trouve dans la commune ; le second degré se rencontre dans le département.

Les lois de la logique restent invariables. Elles sont dans la science de la politique ce qu'elles sont dans l'art de l'architecture. Avant donc d'instituer le gouvernement, qui est le sommet, des législateurs sensés devraient songer à organiser l'administration communale, qui est la base, et l'administration départementale, qui étant le pourtour, sert comme de support au pouvoir central.

Cependant, c'est tout le contraire qui arrive. Jalouse d'imiter la faute des corps constituants qui l'ont précédée, l'Assemblée nationale lègue à l'avenir le soin de jeter les fondements et d'élever les murs de l'édifice qu'elle est appelée à construire, ne s'inquiétant, dans le présent, que du droit d'en façonner le dôme à sa guise, sans se préoccuper de savoir si l'édifice et le dôme seront faits l'un pour l'autre.

Nous ne sommes pas représentant du peuple ; nous n'avons donc pas le droit d'aller au rebours de la logique. Aussi nous commencerons humblement par le commencement, en nous occupant d'abord de l'administration communale et départementale, qui nous paraît réclamer une large réforme, une organisation nouvelle.

Mais avant d'aborder les améliorations que nous croyons utile d'introduire dans cette branche importante des services publics, nous allons retracer rapidement les phases successives par lesquelles la France a passé avant d'arriver à ce qui existe. Cette préface historique servira à élucider la question, par les ressemblances et les dissemblances que les époques les plus lointaines nous offriront avec l'époque actuelle. Nous y trouverons aussi des exemples utiles, des enseignements salutaires.

La grande science du législateur est de relier, sans les asservir, sans les absorber, les intérêts particuliers à l'intérêt général, en faisant, des différentes agglomérations de citoyens qui composent une nation, autant d'anneaux d'une même chaîne, rattachés les uns aux autres par un lien commun, et se mouvant, néanmoins, librement chacun, dans leur sphère individuelle.

Cette science était complétement ignorée des Celtes. Le lien politique qui unissait entre elles toutes les tribus gauloises, lien plus apparent que réel, laissait chacune de ces tribus dans un isolement funeste. Il en était de même pour les différentes divisions d'une peuplade. Rien ne rattachait les magistrats d'une ville aux magistrats d'une autre ville. Ces petits gouvernements municipaux, tous distincts les uns des autres, ne venaient aboutir à aucun centre.

Cependant le germe de ce que nous appelons aujourd'hui l'administration communale et départementale de France remonte à des temps lointains. Il existait déjà dans les institutions civiles de la Gaule, à l'époque de la domination romaine. Ainsi, sous le règne de Constantin, un vicaire général était le centre gouvernemental auquel venaient aboutir dix-sept provinces obéissant, chacune, à un recteur chargé de faire exécuter ses ordres. Ensuite, chaque province était subdivisée en districts, dont la capitale avait le titre de cité, et, dans chaque cité, il existait un comte qui, sous l'autorité du recteur, veillait aux détails de la justice, des finances et de la police.

C'était déjà de l'unité. Ce secret de force, la civilisation romaine l'avait trouvé. Mais la science de la division des pouvoirs publics est toute moderne. L'administration et la justice étaient alors confondues dans les mêmes mains ; le vicaire général, les recteurs, les comtes exerçaient également sur toutes ces matières diverses une autorité directe.

Dans la cité où résidait le comte, il existait une curie supérieure, composée de membres appelés décurions, qui se partageaient entre eux les hautes fonctions municipales de toutes les villes du district. Ces fonctions étaient celles de décemvirs, de curateurs et d'édiles. Le district se subdivisait en cantons. Dans chaque canton il y avait une ville, et chaque ville avait une curie inférieure, dont les membres se nommaient aussi décurions et remplissaient les fonctions municipales secondaires.

Les décemvirs étaient à la tête des administrations locales. Cette dignité donnait à celui qui en était revêtu le droit de se faire précéder des faisceaux consulaires, honneur dispendieux qui ne procurait guère que des frais énormes de représentation, sans donner un pouvoir réel, ni sans entraîner une responsabilité sérieuse. Le poids de l'administration intérieure des villes reposait, en réalité, tout entier sur les simples décurions, qui étaient à la fois officiers municipaux, juges et agents comptables.

C'étaient les décurions qui répondaient, à leurs risques et périls, de la perception des taxes imposées au district. C'étaient eux qui faisaient parvenir à leur destination, soit en argent, soit en nature, les produits de ces taxes, dont la quotité leur était notifiée par le recteur de la province. C'étaient eux aussi qui recevaient les actes municipaux, qui avaient la garde des résidences impériales et des greniers publics, la direction des travaux d'utilité générale, la conservation des édifices communaux, l'inspection des mines et l'entretien des relais. Enfin, subordonnés pour tout ce qui concernait les impôts, la police générale et les milices au comte du district, ils faisaient exécuter les ordres de l'administration supérieure.

Le décurionat, comme on le voit, accordait moins de pouvoir qu'il n'imposait de responsabilité. Cela est si vrai, qu'il n'était pas loisible à ceux qui en remplissaient les conditions de se soustraire à ces fonctions qu'on pouvait les forcer de remplir, même par voie de contrainte. Ils ne devaient ni habiter la campagne, ni s'absenter du district, sans y être autorisés par le recteur de la province.

Enfin, le mécanisme de l'administration d'alors avait de grandes affinités avec le mécanisme de l'administration d'aujourd'hui. Les villes avaient le droit de posséder des biens propres. Il y avait donc les revenus de la ville, dont la curie inférieure gérait les intérêts particuliers ; les revenus du district, dont la curie supérieure administrait les intérêts plus généraux ; puis, il y avait encore des Conseils provinciaux, composés des députés des districts, toujours choisis parmi les décurions, et, dans ces Conseils, on traitait des affaires qui concernaient toute la province.

Si l'on oublie la réunion dans les mêmes mains de pouvoirs maintenant divisés, on reconnaîtra dans cette administration de la Gaule romaine le germe de l'administration actuelle. Dans le décemvir, le comte, le recteur, le vicaire général, on retrouve le maire, le sous-préfet, le préfet, le ministre ; les décurions, ce sont les conseillers municipaux, les conseillers d'arrondissement, les conseillers généraux. Le canton était dans le district, le district dans la province, et la province dans la vicairerie, comme la commune est dans l'arrondissement, l'arrondissement dans le département, le département dans l'Etat, avec la soumission aux mêmes lois et aux mêmes autorités, avec les mêmes bénéfices et les mêmes charges, avec un code général unique et des codes particuliers uniformes.

Cependant les Gaules allaient reculer, pendant plusieurs siècles, dans la science administrative, reculer de beaucoup, en arrière même de cette organisation qui, tout imparfaite qu'elle était, renfermait du moins les conditions du progrès et les éléments de l'unité. Le flot des barbares emporta la domination de Rome. Les Burgondes, les Visigoths, les Aquitains, les Francs, les Armoricains se disputèrent les lambeaux de l'Empire, et de ce choc d'hommes de tous les noms, de toutes les races, de toutes les mœurs, la victoire fit jaillir la monarchie franque.

Alors, il arriva une chose étrange ; il y eut plusieurs peuples dans ce peuple qui, plus tard, devait devenir la nation la plus fusionnée et la plus unitaire du monde. Il y eut les Romains et les Gaulois qui conservèrent le droit de se juger entre eux d'après leurs lois. Il y eut les Burgondes qui obéirent à *la loi Gombette* ; il y eut les Francs eux-mêmes, qui reconnaissaient les uns *la loi Salique*, et les autres, *la loi Ripuaire*. D'autres tribus enfin eurent aussi leur code particulier.

La France fut divisée, par un décret de 595, en nombreux duchés ; les duchés furent subdivisés en comtés, les comtés en vicomtés, et les vicomtés en dizaines. Le duc, qui remplaça les recteurs de provinces, réunit entre ses mains l'autorité civile et l'autorité militaire, précédemment séparées. Le comte, officier des rois francs, eut un pouvoir plus étendu que le comte, officier des empereurs romains. Ses attributions absorbèrent dans les cités et dans les villes, qui perdirent leurs curies, les attributions des magistrats municipaux. Du reste, sa principale fonction fut, comme auparavant, celle qui lui conférait une puissance suprême, en matière d'impôts. Le vicomte, officier royal, comme le comte, agissait sous ses ordres et rendait la justice dans sa vicomté. Le vicomte avait dans sa circonscription cent familles. Les dizaines n'en comprenaient que dix. Elles avaient à leur tête un doyen, appelé dizainier, qui n'avait à s'occuper, avec l'assistance de jurés, élus comme lui, par les habitants de la dizaine, que de police locale. Le dizainier était le seul magistrat municipal qui existât dans cette hiérarchie administrative. Encore obéissait-il au vicomte, comme le vicomte était soumis au comte, subordonné lui-même au duc qui, à son tour, relevait du roi. Au surplus, dans toute cette organisation, essentiellement fiscale par l'esprit et par le but, on s'était préoccupé du recouvrement des impôts et non de l'administration du pays.

La pensée d'une administration générale unique, centre d'administrations locales uniformes, disparut donc complétement du gouvernement de la France, pour ne renaître qu'à l'état d'enfance, avec le corps des intendants de généralités, lequel ne fut définitivement organisé que sous le règne de Louis XIII, par une ordonnance de 1648. Choisis parmi les maîtres de requêtes, ces représentants du roi, que l'on qualifia d'*intendants du militaire, de la justice, des finances et de la police*, furent chargés de maintenir l'ordre public ; de veiller à la bonne répartition des impôts, à la culture des terres et à l'entretien des grandes routes, des ponts et des édifices publics ; de favoriser l'accroissement du commerce et les progrès de l'industrie. Les généralités étaient subdivisées en élections, et dans la capitale de chaque élection résidait un subdélégué de l'intendant. L'intendant choisissait tous ses subdélégués et répondait de leurs actes. Il devait, une fois par an, faire une inspection générale dans sa généralité, et une inspection particulière dans l'une des élections soumises à son autorité.

Quoique les intendants eussent plutôt la mission de faire rendre la justice que l'obligation de la rendre eux-mêmes, cependant il y avait des affaires dans lesquelles ils instruisaient des procédures et prononçaient des jugements. C'étaient eux qui imposaient les taxes d'office, et nommaient les commissaires chargés d'établir l'impôt de la taille ; c'étaient eux qui faisaient entre les possesseurs des biens-fonds la répartition des dépenses nécessitées par les réparations des églises et des presbytères. Enfin, les communautés ne pouvaient intenter aucune action civile, sans y être autorisées par une ordonnance de l'intendant de la généralité. Ils étaient, du reste, consultés par tous les ministres qu'ils devaient éclairer sur l'état des provinces, leurs productions, leurs débouchés, leurs charges et leurs ressources.

Les subdélégués décidaient, sous la responsabilité de l'intendant, de la répartition des impôts, de la quantité et de l'époque des corvées, des nouveaux établissements de commerce, de la distribution des troupes, du prix et de la répartition des fourrages, des achats de denrées pour les magasins du roi et de la levée des milices.

Au point de vue de la gérence générale des affaires de l'Etat, l'organisation du corps des intendants était essentiellement vicieuse par cette diversité d'attributions, confondant, d'une part, l'autorité civile et l'autorité militaire, et d'autre part, les fonctions administratives et les fonctions judiciaires. Un autre défaut de cette même organisation, c'est le hasard qui avait constamment présidé à la formation des généralités, sans que jamais l'identité des intérêts et la similitude des coutumes eussent été consultées dans la délimitation de ces diverses circonscriptions territoriales, sans cesse modifiées, non d'après les convenances d'une sage administration, mais selon les caprices du bon plaisir.

Au point de vue de la gérence locale des affaires des villes, l'administration de cette époque était encore plus radicalement mauvaise. Les intendants relevaient d'un pouvoir supérieur et central d'où ils pouvaient encore, à un jour donné, recevoir une impulsion active et commune. Mais dans les corps municipaux, depuis les titres jusqu'aux droits des magistrats, tout était d'une variété désespérante. Il y avait autant de chartes qu'il y avait de villes, et chacune de ces chartes donnait aux habitants des priviléges différents.

Cette diversité dans le Code municipal de la France venait de l'affranchissement partiel des différentes communes du pays. Les unes avaient obtenu plus, les autres avaient réclamé moins, selon des nécessités variables de temps et de lieux. Rien ne s'était régularisé dans ce Code multiforme, excepté en ce qui concernait l'administration judiciaire. Après avoir hérité des seigneurs du droit de justice civile et criminelle, les magistrats municipaux avaient perdu ce droit exorbitant auquel les ordonnances du chancelier L'Hospital avaient commencé à mettre des limites infranchissables. Plus tard, sous le sceptre de fer du grand roi, on leur enleva encore la plupart de leurs attributions de police locale et d'administration intérieure, mais sans que pour cela il y eût uniformité dans les lois qui régissaient les villes, si ce n'est peut-être l'uniformité de l'asservissement. Alors, en effet, le pouvoir central tendit graduellement à absorber tout à fait l'individualité des villes, aussi bien que l'individualité des provinces, et, au moment où éclata la révolution de 1789, les libertés communales et les franchises provinciales sommeillaient également de nouveau dans tout le royaume.

II. Des circonscriptions communales.

Novatrice audacieuse, l'Assemblée constituante n'hésita pas à jeter à terre l'édifice tout vermoulu de la vieille monarchie. Avec cet édifice, fait de pièces et de morceaux, l'ancienne administration tomba tout entière au souffle des réformes législatives. Sur ses ruines s'éleva, construit avec des matériaux entièrement neufs, le monument de l'administration nouvelle. Deux décrets ont fondé ce monument; tous deux portent la date du mois de décembre 1789; l'un est du 14, l'autre est du 22. Le premier a organisé le système communal; le second a créé le système départemental.

Dès l'origine, ce double système a été assis sur une base conforme aux principes qui prévalaient dans le système électoral inscrit dans la Constitution nationale. Il était donc naturel qu'il subît sur ce point le contre-coup de toutes les révolutions qui devaient s'accomplir, pendant l'espace d'un demi-siècle, dans les régions gouvernementales : c'est ce qui est arrivé. Tous les régimes politiques de la France républicaine, de la France impériale et de la France monarchique ont tour à tour déteint sur les Conseils municipaux et sur les

Conseils généraux, lesquels ont tenu leur mandat, tantôt de l'universalité des citoyens, tantôt de la faveur du pouvoir, tantôt d'un corps de censitaires.

Nous ne passerons pas en revue toutes les modifications qu'ont subies ces Conseils dans les règles diverses qui ont présidé, selon l'esprit des temps, à leur formation. Ce n'est pas, en effet, sur le mode de nomination ou plutôt d'élection de leurs membres que nous voulons appeler l'attention et provoquer une réforme. C'est là désormais une question résolue dans le sens de la liberté. Le principe du suffrage universel direct prévaudra nécessairement dans la loi d'organisation communale et départementale. Il est donc inutile de plaider une cause gagnée.

Mais cette cause, qui était tout autrefois, n'est plus rien aujourd'hui, auprès des améliorations à réaliser et des conquêtes à faire. Depuis 1789, le temps a marché. L'expérience a d'ailleurs introduit les clartés de sa lumière dans les rouages compliqués de la centralisation administrative, devenue, par ses ex-cès et ses abus, une tyrannie bureaucratique aussi étrangère au véritable esprit de l'unité que contraire au vrai principe de la liberté. On comprend que sous l'étreinte de cette tyrannie la circulation du sang s'arrête dans les veines du pays, qui s'étiole et s'énerve, faute d'un aliment local suffisant pour entrete-nir, dans toutes ses fractions, les sources de la vie publique. On s'explique que sous ce régime, qui lui enlève à la fois tout droit d'initiative et tout moyen d'action, il perde chaque jour un peu plus de son énergie de volonté, de sa spontanéité de manifestation. C'est comme un arbre que de nombreuses branches parasites privent de sa sève, et qui étouffe et dépérit, faute d'air et d'espace, jusqu'au jour où la serpe de l'émondeur l'en délivre. Le pays ne sortira de cet état d'allanguissement que lorsqu'on aura porté hardiment la cognée des réformes au milieu des vices de l'organisation actuelle de l'ad-ministration communale et départementale. Il nous suffira d'indiquer les traits généraux de cette organisation, pour que ces vices se révèlent d'eux-mêmes sous notre plume.

Nous avons dit qu'un décret du 14 décembre 1789 a fondé et organisé les municipalités. Ce décret décida que la qualité de commune, qui appartenait déjà, sous le régime des anciennes lois, à tout ce qui était *ville* ou *bourg*, serait étendue à tout ce qui formait une *paroisse* ou une *communauté*. C'est ainsi que des villages sont devenus communes. L'Assemblée constituante allait détruire, dans la division territoriale, les provinces; dans le système poli-tique, les gouvernements; dans le système administratif, les généralités; dans l'ordre judiciaire, les bailliages; mais, par une de ces contradictions que pré-sente fréquemment l'histoire des corps délibérants, elle laissa subsister les circonscriptions ecclésiastiques. Chose étrange! ces circonscriptions ont seules résisté jusqu'ici à la double action des hommes et des siècles. La marche des révolutions n'a rien pu contre elles. L'origine de la plupart des archevêchés et des évêchés de la France républicaine remonte aux temps de la Gaule ro-maine. Ici l'œuvre des Césars subsiste encore presque tout entière.

Les circonscriptions paroissiales furent donc transformées en circonscrip-tions communales, faute immense, dont les résultats déplorables sont le pre-mier défaut qu'on rencontre au seuil de l'édifice administratif de la France. Ainsi aucune raison d'étendue ni de population, aucun intérêt de circon-stance ni de localité n'ont déterminé ces circonscriptions. Le hasard seul a pré-sidé à leur formation, commandée non par un motif réfléchi, mais par un fait existant. La paroisse est devenue commune, uniquement parce qu'elle était paroisse. On conviendra que c'était là une délimitation aussi arbitraire qu'irrationnelle dans sa cause, car rien ne démontrait que le village qui renfermait les éléments de l'existence paroissiale renfermerait aussi les éléments de l'existence communale.

De là, une division du territoire en d'innombrables unités qui s'élèvent, d'après les dictionnaires de 1848, au chiffre total de 37,042, réparties, du reste, avec beaucoup d'inégalité entre les quatre-vingt-six départements de la France actuelle, ainsi qu'on en peut juger par la statistique suivante :

Ain	442	Loir-et-Cher	297
Aisne	840	Loire	548
Allier	521	Loire (Haute-)	267
Alpes (Basses-)	257	Loire-Inférieure	206
Alpes (Hautes-)	189	Loiret	548
Ardèche	330	Lot	500
Ardennes	478	Lot-et-Garonne	354
Ariège	536	Lozère	188
Aube	447	Maine-et-Loire	385
Aude	433	Manche	645
Aveyron	250	Marne	690
Bouches-du-Rhône	106	Marne (Haute-)	688
Calvados	809	Mayenne	275
Cantal	265	Meurthe	714
Charente	454	Meuse	589
Charente-Inférieure	481	Morbihan	228
Cher	297	Moselle	640
Corrèze	291	Nièvre	519
Corse	355	Nord	600
Côte-d'Or	728	Oise	685
Côtes-du-Nord	375	Orne	554
Creuse	281	Pas-de-Calais	905
Dordogne	582	Puy-de-Dôme	444
Doubs	630	Pyrénées (Basses-)	650
Drôme	360	Pyrénées (Hautes-)	497
Eure	791	Pyrénées-Orientales	227
Eure-et-Loir	451	Rhin (Bas-)	543
Finistère	285	Rhin (Haut-)	490
Gard	345	Rhône	253
Garonne (Haute-)	599	Saône (Haute-)	581
Gers	497	Saône-et-Loire	592
Gironde	543	Sarthe	593
Hérault	319	Seine	81
Ille-et-Vilaine	349	Seine-et-Marne	555
Indre	249	Seine-et-Oise	685
Indre-et-Loire	285	Seine-Inférieure	739
Isère	555	Sèvres (Deux-)	585
Jura	575	Somme	834
Landes	334	Tarn	525

Le moindre des inconvénients de cette division est encore de contribuer pour beaucoup à augmenter la perte de temps et la dépense d'argent, qui résultent du nombre considérable d'unités que l'état renferme.

Un vice plus sérieux et plus funeste, c'est l'impuissance à laquelle la plupart de ces unités sont réduites. Nous l'avons dit ailleurs, nous ne pouvons que le répéter ici dans les mêmes termes; la commune devrait être comme une grande famille dont tous les membres, gouvernés, au point de vue des devoirs et des droits, par les lois de la charité, pratiqueraient à côté de cette maxime sublime, mais négative : *Ne faites pas à autrui ce que vous ne voudriez pas qu'on vous fît à vous-même*, cette maxime autrement divine : *Faites pour les autres ce que vous voudriez que les autres fissent pour vous-même*. La première tue le mal ; la seconde seule enfante le bien.

C'est dans la commune que devrait être placée la première base de cet ensemble d'établissements de crédit et d'instruction, de secours et de prévoyance qui, de degré en degré, embrassant tous les intérêts, tous les citoyens, toutes les circonscriptions, enlacerait l'Etat dans les liens généreux de la fraternité. Dans la commune, chaque habitant trouve dans ses concitoyens des témoins de sa situation ; dans les conseillers municipaux, des juges légitimes de ses titres ; dans le maire, un protecteur naturel. Dans la commune, on connaît la profession, la vie, la moralité ; les circonstances, les charges, les ressources ; l'industrie, la capacité, la force. Dans la commune, mieux qu'ailleurs, on peut apprécier le droit, la nécessité, l'urgence. Là on risquerait moins d'accorder à qui ne mérite pas et de refuser à qui mérite.

Mais ce beau rôle exige, pour être fructueusement exercé, des conditions que ne remplissent pas le plus grand nombre des communes actuelles. Totalement dépourvues de ressources financières, complétement privées d'administrateurs intelligents, elles sont sans moyen d'action. Isolées dans l'orgueil de leur individualité, elles ne peuvent pas même satisfaire aux dépenses les plus impérieuses, elles ne parviennent même pas à trouver des conseillers un peu lettrés. L'instruction et la salubrité, la police et la viabilité y sont également négligées. On n'y connaît ni le pavage, ni l'éclairage. Le culte n'y est que misérablement subventionné ; on n'y rencontre aucun établissement d'utilité publique. En un mot, le progrès, sous tous ses aspects et dans toutes ses sphères, y devient, de tous points, impossible. On le conçoit sans peine, lorsqu'on songe qu'il existe 7942 communes dont la population ne dépasse jamais et souvent même n'atteint pas le chiffre de 500 habitants. Evidemment ces communes perdent aux funestes résultats d'un morcellement exagéré toute la somme de force et de prospérité qu'elles rencontreraient dans la puissance d'une association plus large.

La première des réformes à réaliser, c'est donc le remaniement des circonscriptions communales. Il faut en réduire considérablement le nombre, afin de donner à chacune d'elles ces deux éléments nécessaires d'amélioration continue, matérielle et morale : un budget suffisant, une administration éclairée. Là est le but auquel devrait tendre ce remaniement, tantôt par des réunions, tantôt par des fusions, selon qu'il conviendrait de relier à un bourg ou à une ville les villages et les hameaux voisins, ou de grouper en un seul faisceau plusieurs localités dispersées dans un même rayon. Les motifs de ces fusions ou de ces réunions seraient nécessairement variables. Mais un principe commun devrait généralement leur servir de base. Ce principe, c'est l'identité des intérêts. On aurait encore à se préoccuper, dans cette révision des circonscriptions communales, de la facilité des communications. Dans tous les cas possibles, ce devrait être là un travail tout spécial et tout nouveau, car chercher la commune dans le canton, ce serait renouveler la faute de ceux qui l'ont trouvée dans la paroisse. Cette délimitation nouvelle ne serait ni moins arbitraire, ni moins irrationnelle que l'ancienne délimitation, par la raison qu'étant, elle aussi, la conséquence de faits antérieurs, elle ne serait pas davantage établie sur des considérations actuelles, ainsi que le veut la logique.

La division cantonale, appliquée au système communal, soulève deux autres objections que déjà nous avons également signalées ailleurs et que nous ne pouvons que reproduire. D'abord, beaucoup de cantons ruraux renferment au moins deux communes importantes, souvent rivales, qui sont assez riches et assez populeuses pour se passer l'une de l'autre. Parfois, il arrive que ces deux communes, dont cependant les intérêts sont séparés et les administrations distinctes, vivent difficilement, côte à côte, en bonne harmonie. Pourquoi les violenter, en les réunissant, sans utilité aucune, contre leur gré? Ensuite, entre une commune trop restreinte et une commune trop vaste, il est une juste mesure qu'il faut savoir garder et qui n'existe pas dans les circonscriptions cantonales. L'étendue de la plupart de ces circonscriptions créerait un obstacle incessant aux relations quotidiennes des administrés avec les administrateurs. Elle deviendrait même une entrave aux réunions des Conseils municipaux qu'il est quelquefois nécessaire d'assembler, à l'improviste, pour des délibérations extraordinaires sur des questions urgentes. Enfin, la transformation des cantons en communes ne serait pas, du reste, une mesure aussi simple qu'on se l'imagine. Ce serait sans doute une division toute faite ; sous ce rapport, cette idée serait d'une exécution facile ; mais on oublie qu'il resterait à créer le canton administratif, personne civile, le canton ayant ses propriétés et ses établissements, son budget et son individualité, ses dépenses et ses revenus. Rien de tout cela n'existe, même en germe. Établi par le décret du 22 décembre 1789, seulement dans l'ordre législatif et dans l'ordre judiciaire, le canton n'a jamais eu, si ce n'est sous l'empire de la Constitution de l'an III, ni vie civile, ni vie administrative. Ici donc tout serait à faire.

C'est le moment de dire notre pensée sur une idée doublement malheureuse, venue tout récemment au Comité de Constitution, lequel, dans son projet remanié, remplace le Conseil d'arrondissement, qui existe aujourd'hui auprès du sous-préfet, par des Conseils cantonaux. Nous avouons ne pas comprendre cette idée, dont la profondeur échappe sans doute à notre sagacité. On ne songe certainement pas à créer des établissements et des budgets cantonaux. Ce serait agir au rebours de toutes les tendances de l'époque, car ce serait compliquer, alors qu'il faut simplifier, puisqu'on ajouterait ainsi le canton aux diverses catégories de propriétaires qui existent déjà, et qu'on établirait, par cela même, dans notre système financier, un échelon nouveau. Nous ne pouvons croire à des vues aussi déraisonnables. Mais, alors, quelles seraient les attributions de ces Conseils cantonaux ? Nous avons déjà les Conseils d'arrondissement qui ne servent à rien, quoi qu'on puisse dire, par l'exellente raison que, n'ayant point de budget à voter, ils sont sans droit et sans autorité. Du moins ces Conseils sont placés auprès des sous-préfets ; s'ils n'en sont pas plus utiles, leur existence en est plus logique. Eh bien ! admirez l'esprit d'invention du Comité de Constitution : il laisse à l'arrondissement l'administrateur et il donne au canton le Conseil, de sorte qu'il y aurait, d'une part, un administrateur sans Conseil, et, d'autre part, un Conseil sans administrateur, et que, des deux côtés, on serait également sans initiative financière. Nous ne pouvons que nous incliner devant tant de sagesse.

La fusion de plusieurs communes entre elles ou la réunion de petites communes à une grande commune devrait logiquement entraîner la complète absorption dans la communauté nouvelle de toutes les propriétés des anciennes communautés. Tout ce qui tendrait à maintenir la plus légère séparation d'intérêts entre les différentes sections d'une même commune nuirait, d'une part, à la puissance de ses moyens généraux d'action, et, d'autre part, provoquerait inévitablement dans le sein du Conseil municipal des divisions et des luttes continuelles. C'est ce qu'avaient compris les législateurs de 1837, lorsqu'ils ont écrit l'article 5 de la loi du 9 juillet, lequel veut que les édifices et les immeubles appartenant à une commune qui est réunie à une autre et servant à un usage public deviennent la propriété de la commune à laquelle est faite la réunion. Toutefois, ce même article 5 établissant une exception en faveur des biens dont les fruits sont perçus en nature, conserve, avec raison, la jouissance exclusive de ces biens, qui comprennent les droits d'affouage et de pacage, aux habitants qui les possédaient avant la réunion. Cette exception devrait être maintenue, car elle est de toute justice. Enfin, chaque section ancienne devrait compter au moins, dans le sein du Conseil municipal, un membre résidant sur son territoire. Ce membre serait délégué à l'effet de recevoir dans cette section les déclarations de naissance et de mort. Ces actes sont les seuls pour lesquels il serait nécessaire d'épargner aux habitants des déplacements de lieux entraînant des pertes de temps et d'argent. La diminution du nombre des communes, dont le chiffre serait réduit peut-être à moins de 5,000, augmenterait sans doute beaucoup les distances, en donnant aux nouvelles circonscriptions communales une étendue égale à la moitié environ de l'étendue des circonscriptions cantonales actuelles. Cependant ces distances ne deviendraient pas assez considérables pour créer des obstacles sérieux à la célébration des mariages à l'Hôtel-de-Ville. C'est également là que les affaires, les archives et les écritures devraient être centralisées.

III. Des attributions des Conseils municipaux et des Conseils généraux.

La commune est un tout indivisible, une unité complète. Elle peut donc, à ce titre, acquérir et posséder, échanger et aliéner, comme toute personne civile. Aussi est-elle depuis longtemps rangée au nombre des diverses catégories de propriétaires reconnues par le Code. Ce caractère de la commune remonte au décret du 14 décembre 1789, déjà cité. Ce décret consacra, dès l'origine, les vrais principes du droit municipal. Mais, après les avoir consacrés, il les restreignit aussitôt dans leurs développements et dans leurs conséquences, en faisant de chaque commune, grande, moyenne ou petite, une mineure placée sous la tutelle de l'État. La commune acquit donc l'existence mais non l'indépendance. Elle fut asservie en même temps qu'organisée.

Sur ce point, aucun progrès ne s'est accompli dans notre Code municipal depuis soixante ans. L'esprit du décret du 14 décembre 1789 s'est perpétué à travers tous nos orages politiques. On le retrouve encore dans les dispositions fondamentales de la loi du 18 juillet 1837, dernière forme qu'ait revêtue la pensée des législateurs qui se sont successivement occupés de la matière. L'approbation du préfet toujours, souvent l'approbation du ministre, quelquefois même l'approbation du chef de l'État, est encore nécessaire pour donner un caractère exécutoire aux délibérations des Conseils municipaux sur :

Le budget de la commune ;

Les tarifs et les règlements de perception des revenus communaux ;

Les acquisitions, les aliénations et les échanges des propriétés communales ;

La destination, l'amélioration et la conservation des édifices communaux ;

Les conditions des baux à ferme ou à loyer d'une certaine valeur, d'une certaine nature ou d'une certaine durée ;

Les projets de construction, de réparation ou de démolition de ponts, de quais, d'aqueducs, de fontaines, d'églises, d'écoles, d'hospices et généralement de tous édifices d'utilité publique ;

L'acceptation des dons et des legs faits à la commune ;

L'ouverture des rues et des places, et les projets d'alignement de voirie municipale ;

Les actions judiciaires et les transactions ;

Le parcours et la vaine pâture.

Les seuls objets que les Conseils municipaux aient le droit de régler définitivement, sans conditions restrictives de nature, de valeur ou de durée et sans l'intervention indirecte ou directe du pouvoir central, sont :

Le mode d'administration des biens communaux ;

Le mode de jouissance et la répartition des pâturages et des fruits communaux ;

Les affouages.

Le département n'eut pas tout d'abord le même caractère que la commune. Créé par le décret du 22 décembre 1789, il ne forma pas, à cette époque, ainsi qu'elle, un tout indivisible, une unité complète. Ce n'était qu'une circonscription administrative, sans individualité, et non une personne civile. En un mot, il était ce que sont le canton et l'arrondissement, qui ne peuvent ni acquérir, ni posséder, ni échanger, ni aliéner ; qui n'ont ni établissements, ni budgets, ni propriétés ; qui sont enfin sans intérêts distincts, sans revenus particuliers et sans dépenses spéciales.

Mais le décret du 9 avril 1811 a individualisé les départements, en les faisant propriétaires d'immeubles. D'autres lois plus récentes ont renchéri sur ce décret, en mettant exclusivement à leur charge des frais d'achat de terrain et de construction de bâtiment qui avaient longtemps figuré au budget de l'État. Depuis lors, ils ont pu et dû acquérir, posséder, échanger, aliéner, faire acte, en un mot, de personne civile, au même titre que les communes. Aussi, à défaut des prescriptions du Code, la logique des faits leur a implicitement reconnu ce caractère. Aujourd'hui, en effet, il y a des budgets, des établissements et des intérêts départementaux, tout aussi individuels que les budgets, les établissements et les intérêts communaux. Ainsi le département ne diffère plus de la commune que par l'étendue. Cela est si vrai que les attributions des Conseils généraux ont été réglées d'après les principes qui ont servi à fixer les attributions des Conseils municipaux. La loi du 10 mai 1838 qui s'occupe des premières a jailli de la même source que la loi du 18 juillet 1837 qui s'occupe des secondes ; l'esprit de l'une est l'esprit de l'autre. On y retrouve avec les mêmes droits, les mêmes restrictions et les mêmes entraves.

Les Conseils généraux ne prononcent définitivement que sur les demandes en réduction de contingent formées par les communes, et sur la répartition des contributions directes entre les arrondissements. Ils votent le budget du département. Mais ce budget est soumis à la sanction du chef de l'État, dont l'approbation, indirecte ou directe, rend seule exécutoires leurs délibérations sur :

Les acquisitions, les aliénations et les échanges de propriétés départementales ;

Le changement de destination ou d'affectation des édifices départementaux ;

Le mode de gestion des propriétés départementales ;

Les actions à intenter ou à soutenir au nom du département ;

Les transactions qui concernent les droits du département ;

L'acceptation des legs et des dons faits au département ;

Le classement et la direction des routes départementales ;

Les projets, plans et devis de tous les travaux publics exécutés sur les fonds du département ;

La concession à des associations, à des compagnies ou à des particuliers, de travaux d'intérêt départemental.

La tutelle de l'État pèse donc au moins aussi lourdement sur les départements que sur les communes ; double tutelle également intolérable et funeste, dont le seul résultat est de retarder l'expédition des affaires dans toutes les régions administratives, à l'aide d'une armée d'employés et d'une montagne de dossiers. Un volume suffirait à peine à signaler, détail par détail, tous les vices de cette sujétion dans laquelle leur état de minorité maintient les uns et les autres, même à l'égard des questions purement locales, qui les intéressent d'une manière exclusive. On a pu les deviner déjà par tous les objets que nous avons énumérés, à dessein, afin de faire toucher au doigt et à l'œil, par la nature même des délibérations des Conseils municipaux et des Conseils généraux, qui sont soumises à la nécessité d'une approbation du préfet, du ministre ou du chef de l'État, l'excessive exagération de ce système de garanties toutes plus inutiles, toutes plus arbitraires les unes que les autres. On en jugera mieux encore par quelques exemples caractéristiques, choisis au hasard, dans la sphère communale.

Les plans généraux des villes ont à subir une triple épreuve. Arrêtés d'abord par le Conseil municipal, ils sont ensuite soumis à l'examen du Conseil général des ponts et chaussées. Veut-on savoir combien de temps ces plans passent à voyager sur les routes de France ou à séjourner dans les cartons du ministère ? Trois, quatre ou cinq ans, selon qu'on les ballotte plus ou moins de fois du Conseil municipal au Conseil général des ponts et chaussées, et du Conseil général des ponts et chaussées au Conseil municipal. Enfin, ils passent encore, avant d'être exécutoires, par le Conseil d'Etat, lequel est appelé à décider, de Paris, quelle largeur et quelle direction on doit donner à une rue de Strasbourg ou de Marseille !

Nous connaissons un plan général d'hospice, édifice, assurément, d'intérêt communal, s'il en fut, qui s'est promené du Conseil municipal au Conseil des bâtiments civils, et du Conseil des bâtiments civils au Conseil municipal pendant six années. Qu'est-il arrivé? C'est que dans l'intervalle, les propriétés sur la vente desquelles l'administration des hospices comptait, pour subvenir aux frais d'édification du nouvel établissement, ayant perdu de leur valeur, lorsque ce plan est revenu, définitivement approuvé, il était trop tard. Il a fallu renoncer à s'en servir, faute de fonds. S'il n'eût eu à subir d'autre épreuve que celle du Conseil municipal, il n'aurait pas couru ainsi la poste pendant six ans; les propriétés auraient été vendues en temps opportun, et, aujourd'hui, la ville dont nous parlons posséderait un magnifique établissement d'utilité publique qui lui manque.

Voici un autre fait plus significatif encore. La direction d'une route, aujourd'hui nationale, royale alors, ayant été changée, il fallut abaisser beaucoup une montée qui existait dans la traverse d'une petite ville. Cette montée formait une rue bordée de maisons de belle apparence, dont les rez-de-chaussée, qui étaient de niveau avec le sol ancien, se trouvèrent exhaussés de deux mètres environ au-dessus du sol nouveau. Il devint donc nécessaire d'établir des marches à l'entrée de chacune de ces maisons. Mais, d'après la législation actuelle, avant de rien entreprendre, leurs propriétaires durent obtenir du préfet l'autorisation d'usage, sauf, en attendant, à rentrer dans leur domicile avec le secours d'une échelle. Cette autorisation mit deux mois à venir de l'hôtel de la préfecture. La demande, adressée au préfet, avait dû être remise au maire, qui l'avait transmise au sous-préfet, lequel l'avait gardée quelques jours, avant de l'envoyer à sa destination. Le préfet avait dû la retourner au sous-préfet, en l'invitant à y joindre un rapport de l'ingénieur ordinaire des ponts et chaussées de l'arrondissement. Le sous-préfet avait expédié, à son tour, la demande des propriétaires et la lettre du préfet au fonctionnaire indiqué. Ce nouveau personnage avait pris son temps pour donner son opinion sur une question aussi épineuse et aussi délicate que celle de savoir si on a ou si on n'a pas le droit d'entrer dans sa maison, autrement qu'avec l'aide d'une échelle. La demande, accompagnée d'un rapport favorable, comme on le pense, était alors revenue au préfet qui avait enfin donné l'autorisation réclamée. Seulement, avant d'arriver aux pétitionnaires, cette autorisation avait dû reprendre le long détour de la sous-préfecture.

Les Conseils municipaux sont autorisés à inscrire au budget communal, quand les dépenses obligatoires sont assurées, un crédit affecté aux réparations d'urgence. Mais le droit est comme la volonté, qui n'est rien, sans le pouvoir. Or, le plus grand nombre des budgets communaux ne renferment pas, faute de fonds disponibles, de crédit de cette nature. Il en résulte cette exigence bizarre qu'avant de relever le mur écroulé d'une église, ou de reconstruire le toit effondré d'une école, le maire, autorisé du reste par le Conseil municipal à réparer ce désastre, doit en écrire au sous-préfet, lequel en écrit, à son tour, au préfet, qui envoie l'autorisation d'effectuer cette indispensable dépense, toujours par la voie très-peu accélérée de la sous-préfecture. Pendant ce temps, l'école reste découverte, l'église reste ouverte. Mais qu'importe! Les règles ont été scrupuleusement observées..... Cela rappelle assez bien cette cour d'Espagne où, par respect des usages, on laissait périr le monarque plutôt que d'enfreindre, pour le sauver, les lois de l'étiquette.

Rien, d'ailleurs, n'échappe à l'esprit d'accaparement du pouvoir central, rien, pas même l'exploitation des théâtres subventionnés par les villes. Ce sont les communes qui payent, ce sont elles seules, d'ailleurs, qui sont intéressées dans la question, elles seules qui perdent à un mauvais choix et qui gagnent à un bon choix. Cependant c'est le pouvoir central qui nomme les directeurs privilégiés de ces théâtres, et Dieu sait tout ce que ces sortes d'affaires exigent de correspondances entre le ministre de l'intérieur, les préfets et les maires.

Après tous ces faits, que nous avons déjà cités ailleurs, comment s'étonner qu'il n'y ait qu'une voix pour condamner les excès de la centralisation, qu'il ne faut pas identifier avec l'unité, ou plutôt les abus de la bureaucratie qu'il faut encore moins confondre avec l'administration, surtout quand on retrouve dans la sphère départementale exactement les mêmes formalités inutiles et les mêmes lenteurs funestes que dans la sphère communale? Là aussi, là surtout on décide, en dernier ressort, à Paris, de mesures qui ne peuvent être sainement appréciées, de questions qui ne peuvent être utilement étudiées que dans la localité que ces mesures concernent, que ces questions intéressent, et l'on en décide, sans connaissance réelle de ce qu'on ordonnance et de ce qu'on signe, de ce qu'on approuve et de ce qu'on blâme. Ce n'est plus de l'unité, c'est de l'asservissement; ce n'est pas même de la surveillance, c'est de la fantaisie.

Aujourd'hui tous les bons esprits en sont arrivés à reconnaître et à proclamer la nécessité d'affranchir la commune et le département de la tutelle administrative de l'État. Le bon sens et le bon droit sont évidemment du côté des partisans de cette double émancipation, dont les adversaires n'ont à leur service qu'un argument unique. Ils prétendent que la commune et le département sont incapables de gérer leurs biens avec sagesse. Si cet argument a jamais eu quelque valeur, dans tous les cas, il l'a complétement perdue, depuis que la connaissance des intérêts communaux et la pratique des affaires administratives se sont développées dans toute la France. On ne saurait maintenant douter des garanties de prudence et de capacité qu'offrent tous les Conseils généraux. Dans notre système, on retrouverait également, au sein de tous les Conseils municipaux, ces mêmes garanties qu'aujourd'hui, en effet, on n'y rencontre pas toujours à un degré suffisant, surtout dans les communes rurales.

D'ailleurs l'émancipation des départements et des communes serait contre-balancée par l'action des lois d'application générale. Cette action suffirait à maintenir l'unité dans l'administration du pays, en soumettant les Conseils municipaux et les Conseils généraux à des règles uniformes et à des prescriptions universelles. Aucun département, aucune commune ne posséderait plus qu'aujourd'hui la faculté de s'affranchir des dépenses que la loi rendrait obligatoires. Ainsi que tous les citoyens, les administrations communales et départementales auraient des devoirs à remplir, devoirs que les agents du pouvoir central seraient chargés de rappeler ou d'imposer à celles qui pourraient les oublier ou les enfreindre.

Ainsi donc le résultat de l'émancipation des départements et des communes ne serait pas de les soustraire à toute surveillance et à toute autorité, mais seulement de leur laisser, ainsi qu'à toute personne civile, la disposition de leurs biens, la gestion de leurs intérêts. Cette émancipation consisterait à accorder aux Conseils municipaux et aux Conseils généraux le droit de régler définitivement tous les objets sur lesquels ils sont simplement appelés à délibérer par les lois existantes. Aucune restriction ne devrait être apportée à l'exercice de ce droit. Seulement il serait juste et nécessaire de conserver aux tiers, contre les excès de pouvoir des administrations communales et départementales ou leserreurs d'appréciation des Conseils municipaux et des Conseils généraux, toutes les garanties qu'ils trouvent dans la législation existante. Les tiers peuvent être également un particulier, une commune, un département ou même l'Etat.

Ainsi désormais :

Point d'autorisation préalable et liberté entière pour toute mesure, toute décision, toute dépense ; pour toute construction ou démolition, toute acquisition ou aliénation, toute réparation ou affectation ; pour tout bail ou tout contrat, toute acceptation ou tout refus, toute création ou toute suppression ; pour toute transaction, toute poursuite, tout désistement, quelle qu'en soit l'importance, d'un intérêt purement municipal ou départemental, sauf rappel à la légalité, en cas d'infraction aux lois d'application générale ou de lésion des intérêts d'un tiers quelconque ;

Dans toutes les affaires qui intéressent à la fois plusieurs communes, concert amiable entre elles, autant que possible, et, dans le cas de désaccord, intervention du Conseil général appelé à décider en dernier ressort ;

De même, dans toutes les affaires qui intéressent à la fois plusieurs départements, concert amiable entre eux, autant que possible, et, dans le cas de désaccord, intervention de l'Assemblée nationale, appelée à décider en dernier ressort ;

Dans toutes les affaires qui intéressent simultanément une ou plusieurs communes et le département, droit de décision accordé au Conseil général, sauf recours de la part des communes qui se prétendraient lésées, au tribunal administratif du ressort, avec droit d'appel devant le tribunal administratif supérieur ;

Dans toutes les affaires qui intéressent simultanément une ou plusieurs communes, un ou plusieurs départements et l'Etat, décision sans appel, toujours laissée à l'Assemblée nationale ;

Enfin, maintien des attributions judiciaires des Conseils de préfecture, transformés en tribunaux administratifs de département, appelés à prononcer des arrêts, en premier ressort, sur toutes les matières actuellement de leur compétence, et garantissant, dans tout conflit, les droits des tiers lésés dans leurs intérêts ou dans leurs prérogatives, avec appel de leurs jugements devant le tribunal administratif supérieur.

De cette manière, dans les questions d'intérêts purement communaux ou départementaux, plus de ces lenteurs funestes, de ces complications ridicules, de ces interventions illogiques, qui ne sont justifiées ni par l'intérêt général, ni par la sûreté publique ; et cependant le lien de l'unité ne serait pas même affaibli, moins encore brisé !

IV. Des agents des communes et des départements, et des agents du pouvoir central.

Nous touchons au point le plus délicat et le plus grave de cette question de l'émancipation des communes et des départements, qui est peut-être la ques-

tion la plus sérieusement utile de ce temps, en ce qu'elle réaliserait à la base même de la constitution du pays la réforme la plus réellement féconde. Ici nous ferons vibrer tout ce qu'il y a de cordes sensibles dans le monde gouvernemental, en nous heurtant à ces intérêts de coterie qui se rangent toujours en exploiteurs plus qu'en soutiens, autour du pouvoir central, quand ils ne se dressent pas en ennemis en face de lui. Il est à remarquer, en effet, que ces mêmes intérêts font que les mêmes hommes attaquent ou défendent, affaiblissent ou fortifient l'action et l'autorité du gouvernement, selon qu'il possède ou ne possède pas leurs sympathies, tellement il est dans la nature de l'esprit de parti de tout subordonner à ses calculs du moment.

Aussi ceux qui, dans leur haine du despotisme, voulaient jadis tout retrancher, sont ceux qui veulent aujourd'hui tout conserver des prérogatives du chef de l'Etat, si même ils ne demandent pas d'y ajouter encore. Cette singularité nous frappe, sans nous étonner, car nous savons que toute région où souffle le vent des passions politiques doit offrir le spectacle de ces contradictions bizarres, de ces étranges anomalies. Alors donc que nous venons, apôtre d'ordre et de liberté, réclamer, au nom de l'indépendance administrative des communes et des départements, l'élection des maires par les Conseils municipaux et l'élection des préfets par les Conseils généraux, nous devons nous attendre à soulever surtout contre notre système les colères démocratiques. Mais nous n'en serons pas plus effrayés que surpris. Il y a longtemps que nous avons appris à lutter contre les hommes d'anarchie et de dictature.

C'est le décret du 14 décembre 1789 qui a jeté les fondements de l'organisation actuelle des administrations communales. Ce décret mit à leur tête un maire, assisté d'un ou de plusieurs adjoints, et quelquefois même, seulement un maire, selon le chiffre de la population. Dans notre système, tous les maires seraient secondés par deux adjoints au moins, puisque toutes les communes renfermeraient plusieurs milliers d'habitants ; cela s'appelait le bureau. C'était la partie exécutive ; la partie délibérative résidait dans le Conseil. C'est toujours ce qui existe. Le corps municipal se divisait lui-même en conseil et en bureau.

Les maires étaient donc choisis, ainsi que les adjoints, là où il y avait un ou plusieurs adjoints, par leurs pairs ou leurs collègues. C'est ce qui a cessé d'être et ce qui doit revivre. Les maires n'en furent pas moins revêtus de deux natures de fonctions, dont les unes étaient propres au pouvoir municipal, parce qu'elles embrassaient particulièrement les intérêts communaux, et dont les autres leur étaient déléguées par l'administration générale, parce qu'elles appartenaient spécialement au pouvoir central. Cette seconde partie de leur mission les plaçait, en leur qualité de chefs de municipalités, sous la surveillance immédiate et l'autorité directe des directoires de district, qui étaient alors ce que sont aujourd'hui les sous-préfets d'arrondissement.

La Convention nationale ne toucha pas, sur ce point, à l'œuvre de l'Assemblée constituante. La Constitution du 24 juin 1793 laissa subsister les corps municipaux et les administrations communales, avec le caractère que le décret du 14 décembre 1789 leur avait donné. Du reste, cette Constitution est morte avant d'avoir vécu, tuée par ceux-là même qui l'avaient enfantée. A peine promulguée, elle fut suspendue par le décret du 19 vendémiaire an II, lequel plaça tous les corps constitués sous la surveillance du Comité de salut public, d'épouvantable mémoire. La Constitution du 5 fructidor an III modifia proondément cette organisation administrative. C'est alors qu'apparut la déplorable idée d'annuler la commune au profit du canton. On plaça dans chaque commune, dont la population était inférieure au chiffre de cinq mille âmes, un simple agent municipal, assisté d'un adjoint. La réunion de ces agents et de ces adjoints formait ce qu'on appelait la municipalité de canton, autrement dit le corps municipal, dont le président, qui était électif, était nommé directement par les assemblées primaires. Enfin on institua, auprès de chaque administration communale, un commissaire du gouvernement, fonctionnaire révocable, choisi par le pouvoir central dont il était l'agent et chargé de surveiller et de requérir en son nom l'exécution des lois. Les deux natures de fonctions qui appartenaient au maire furent donc séparées ; la première resta au président de la municipalité ; la seconde passa au commissaire du gouvernement.

Cette organisation de l'an III eut, comme celle de 1789, une durée d'environ cinq ans. Elle fut emportée avec le Directoire. Un décret consulaire du 28 pluviôse an VIII supprima les administrations et les commissaires de canton et reconstitua les municipalités, d'après le système du 14 décembre 1789. Toutefois il y eut, entre ces deux décrets, cette différence profonde que le second attribuait aux corps municipaux l'élection des maires et des adjoints, avec l'obligation de les prendre dans leur sein, tandis que le premier réserva leur nomination au pouvoir central, en y ajoutant la faculté de les choisir parmi tous les habitants de la commune. Le Consulat légua ce droit à l'Empire, l'Empire à la Restauration. Il fut maintenu, en faveur de la monarchie de 1830, par la loi du 21 mars 1831, mais avec une importante restriction qui équivalait souvent à une annulation. Le pouvoir central ne conserva le droit de désigner les maires et les adjoints, qu'à la condition de les aller chercher au sein des Conseils municipaux.

Voici maintenant d'après quels principes et sur quelles bases le décret du 22 décembre 1789 avait organisé les administrations départementales. Ce décret avait établi, dans chaque département, un corps électif composé de trente-six membres. Ce corps se partageait également lui-même en deux sections. La première, sous le nom de Conseil, en était la partie délibérative. La seconde, sous le nom de directoire, en était la partie exécutive. La durée de la session du Conseil était d'un mois. C'était lui qui fixait les règles administratives, ordonnait les travaux publics, votait les dépenses générales. Le directoire, qui était en permanence, exécutait les arrêts du Conseil et suivait l'expédition des affaires. Ce directoire était donc investi de l'action et de l'autorité extérieures, et ses huit membres, de même que les maires et les adjoints, étaient choisis par leurs pairs ou leurs collègues. Chaque administration de département était complétée par un secrétaire, qui jouissait exceptionnellement du privilége de l'inamovibilité, et par un procureur général syndic, nommé pour quatre ans, qui était le bras du directoire. Ces deux derniers fonctionnaires étaient également électifs.

Les directoires étaient regardés comme les instruments et les organes de la puissance exécutive. Ils exerçaient, sous la surveillance et l'autorité du chef de l'Etat, dont l'autorisation donnait seule force de loi à leurs arrêts, les fonctions administratives. Ils ne pouvaient ni s'immiscer dans l'exercice du pouvoir législatif, ni interrompre le cours des lois, ni rien entreprendre sur l'ordre judiciaire, ni entraver les opérations militaires. D'un autre côté, les tribunaux n'avaient le droit ni de suspendre, ni de contrarier leur marche, et nul corps militaire ne pouvait agir à l'intérieur, que sur leur réquisition légale.

Enfin, le chef de l'Etat avait la faculté d'annuler les actes des administrateurs de département, qui étaient contraires aux lois générales, ainsi que de les suspendre eux-mêmes, quand ils menaçaient la sûreté et la tranquillité publiques. Mais il devait aussitôt en informer le Corps législatif, qui pouvait lever ou confirmer ces annulations et ces suspensions, lesquelles n'étaient que provisoires, jusqu'à cette décision suprême. Ce corps avait également le droit de dissoudre les administrations de département, jugées coupables ; et d'en renvoyer les membres devant la justice criminelle.

Nous avons déjà dit qu'à peine promulguée, la Constitution du 24 juin 1793 fut suspendue par le décret du 19 vendémiaire an II. Il est donc inutile de signaler les modifications de forme, plus que de principe, que cette Constitution fit subir aux administrations départementales. Nous indiquerons seulement celles qui furent apportées à leur organisation par la Constitution du 5 fructidor an III. Ces dernières modifications, importantes à plusieurs points de vue, portèrent surtout sur deux points spéciaux. D'abord, le nombre des membres des directoires de département fut réduit de huit à cinq, nombre qui était à l'ordre du jour dans les régions politiques. Ensuite, de même qu'on avait placé un commissaire du gouvernement auprès des administrations cantonales, on institua auprès des administrations départementales un fonctionnaire semblable, avec le même titre et la même mission, également nommé par le pouvoir central, également révocable. Le secrétaire inamovible et le procureur général syndic disparurent dans cette révolution administrative, que compléta plus tard le décret du 28 pluviôse an VIII.

Ce décret établit une séparation profonde entre la partie exécutive et la partie délibérative. Les corps départementaux furent maintenus, mais ils ne furent plus, sous le nom de Conseils généraux, que des Conseils consultatifs ; les directoires furent supprimés ; les commissaires du gouvernement, transformés en préfets, centralisèrent, avec la responsabilité, toute l'action et toute l'autorité extérieures, lesquelles sortirent ainsi des mains des élus du département pour passer aux mains des représentants du chef de l'État.

Ces représentants furent à la fois :

Les administrateurs des intérêts départementaux ;

Les agents du pouvoir central pour la publication et l'exécution des lois d'application générale et des mesures de sûreté publique ;

Les délégués du chef de l'État dans une partie de la puissance suprême.

Les deux premières de ces trois natures de fonctions furent communes aux préfets et aux maires. La troisième, qui leur est particulière, est celle qui caractérise spécialement leur mission, dont le caractère a toujours été d'être principalement politique. Ils devinrent donc à peu près et à eux seuls, dans l'ordre nouveau, ce qu'étaient, dans l'ordre ancien, les gouverneurs et les intendants réunis. En un mot, ils furent investis d'un pouvoir exorbitant qu' n'avait jamais appartenu à aucun fonctionnaire. Sous le nom de Conseils de préfecture, des tribunaux administratifs complétèrent cette organisation, restée debout sur les ruines de l'empire et de la monarchie.

On voit que de 1789 à 1848 nous avons étrangement reculé dans la voie des libertés communales et départementales. L'organisation des directoires péchait, assurément, dans la forme, au point de vue de la pratique des affaires.

Ces corps avaient le grave défaut d'être des administrations collectives. Cette collectivité détruisait l'unité d'action, en partageant la responsabilité des actes. Elle affaiblissait la puissance d'impulsion, la vigueur d'initiative qui doivent appartenir à l'autorité exécutive et qui n'existent qu'à la condition d'être concentrées dans une volonté unique. Sous ce rapport, c'était là une organisation essentiellement défectueuse ; mais elle était, on en conviendra, bien supérieure, dans sa base, à l'organisation des préfectures, au point de vue du rationalisme des principes.

La création des préfets a été, sans contredit, un grand progrès, en ce qu'elle a enlevé aux administrations départementales ce caractère de collectivité qui en était le vice. Toutefois, faite dans un but de despotisme, elle eut le tort immense de remettre la gestion des intérêts départementaux à des fonctionnaires, imposés d'office aux populations dont ils dirigent les affaires, étrangers à la localité que souvent ils ne connaissent pas ou qu'ils connaissent mal, et relevant d'un pouvoir supérieur, dont ils tiennent une autorité entièrement indépendante de la volonté de leurs administrés. Il fallait modifier la forme sans altérer le principe, détruire la collectivité et conserver l'élection, de même qu'en supprimant les municipalités et les commissaires de canton, il fallait simplement revenir au système du décret du 14 décembre 1789, où déjà existait l'unité, en lui empruntant son principe avec sa forme. Mais le décret du 28 pluviôse an VIII cherchait moins à améliorer les rouages de l'administration qu'à créer des moyens de gouvernement. Qu'étaient-ce, en effet, que les préfets et les maires, institués par ce décret, sinon des instruments d'oppression ?

Les législateurs rébublicains de 1848 ne peuvent accorder aux idées que soixante ans de lumière et de progrès ont développées moins que les législateurs monarchiques de 1789. Quand le chef de l'État, empereur ou roi, est héréditaire, on conçoit encore qu'il choisisse, sous sa responsabilité, tous les agents auxquels il délègue une partie de l'autorité qu'il tient de la Constitution. Mais lorsque, président ou consul, il est lui-même le produit de l'élection, on ne comprend plus que ce qui est un droit sans être un danger, au sommet du gouvernement, cesse d'être un droit pour devenir un danger au sein du département et au sein de la commune. Ainsi, le choix des maires doit retourner aux Conseils municipaux et le choix des préfets doit appartenir aux Conseils généraux, avec la seule obligation de les choisir dans leur sein.

Ces deux réformes ne sauraient être séparées l'une de l'autre, car la seconde est le complément de la première. L'une, d'ailleurs, ne menacerait pas plus que l'autre l'unité, dont le lien serait complètement garanti par le maintien des règles générales de la hiérarchie administrative et la création d'agents spéciaux du pouvoir central. D'un côté, les maires et les préfets électifs, en leur qualité d'agents, les uns de la commune, les autres du département, resteraient nécessairement soumis à l'action de la loi, de même que les Conseils municipaux et les Conseils généraux émancipés. D'un autre côté, les maires seraient toujours subordonnés à l'autorité préfectorale, et les préfets seraient également toujours subordonnés à l'autorité ministérielle, en leur qualité d'agents de l'administration supérieure pour la publication et l'exécution des lois d'application générale et des mesures de sûreté publique. Enfin, des trois natures de fonctions dont ils sont actuellement investis, les préfets ne conserveraient que les deux premières ; la troisième serait attribuée à des commissaires du gouvernement, fonctionnaires dont la nomination appartiendrait au chef de l'État, qui pourrait les révoquer à volonté. Ce système, fruit de l'expérience, n'est ni celui de 1789, ni celui de l'an III, ni celui de l'an VIII: il tient également de ces trois organisations, en ce qu'il emprunte à chacune d'elles ses avantages, en rejetant ses défauts.

Maintenant on nous demandera, sans doute, quelles garanties d'expérience pratique et de zèle administratif on pourrait trouver dans des préfets électifs, dont les fonctions seraient nécessairement gratuites? Nous demanderons, à notre tour, si l'on pense que tous les préfets, actuellement placés à la tête des administrations départementales, aient pratiqué les affaires publiques, si on les croit tous également doués d'intelligence et de jugement, sachant manier les hommes, discuter les questions, prévenir les difficultés, apportant enfin dans l'accomplissement de leur mission autant de dévouement que de tact et de sagacité. Les faits et les noms sont là pour nous répondre que les plus mauvais choix qui auraient pu sortir des scrutins des Conseils généraux les moins clairvoyants auraient encore été cent fois préférables aux choix que l'impéritie et la passion, de concert avec le népotisme et la camaraderie, ont inspirés au Gouvernement provisoire et à la Commission exécutive. Les élus de ces Conseils n'auraient pas, du moins, ajouté l'indignité à l'incapacité! Si quelques-uns d'entre eux eussent excité les railleries de leurs administrés par leur gaucherie, et les dédains de leurs commis par leur ignorance, ainsi que cela arrive en ce moment à beaucoup de préfets nés de la couvée des républicains de la veille, à coup sûr, il ne s'en serait pas rencontré un seul que sa déconsidération eût désigné au mépris de l'opinion publique...

Enfin, les maires n'ont jamais été rétribués, et, depuis dix-sept ans déjà, quoique nommés par le pouvoir central, ils étaient obligatoirement choisis au sein des Conseils municipaux. Cependant, les intérêts qui sont confiés à beaucoup d'entre eux ont une haute importance. Les affaires des communes de Lyon, de Bordeaux, de Nantes, de Toulouse, de Strasbourg, de Lille, de Marseille et de Rouen, demandent un esprit aussi éclairé et aussi expérimenté, un caractère aussi ferme et aussi actif que les affaires de la plupart des départements. Ces communes ne se sont jamais avisées, que nous sachions, de blâmer la gratuité des fonctions de maire; jamais elles n'ont trouvé qu'elles en fussent administrées avec moins de prévoyance et d'abnégation? Pourquoi les départements ne trouveraient-ils pas au sein des Conseils généraux les lumières et les dévouements qu'elles rencontrent au sein de simples Conseils municipaux?

On nous demandera peut-être encore ce que deviendrait, avec des préfets instables, l'esprit de suite, si utile dans les affaires? Mais la faveur gouvernementale est parfois plus mobile que la faveur populaire. Il est des départements où, quoique soumis chaque année à l'épreuve d'un nouveau scrutin de la part de ses collègues, le président du Conseil général a vu passer, durant son long règne, bien des puissances préfectorales. Ainsi les chances de stabilité seraient les mêmes avec un préfet électif qu'avec un préfet révocable, avec cette différence que le premier appartenant au département, acquerrait l'intelligence des intérêts locaux avec plus de promptitude et de facilité que le second, qui est étranger aux contrées qu'il vient administrer en oiseau de passage.

Au surplus, tous ceux qui ont vu fonctionner les administrations communales savent que tout le poids des occupations bureaucratiques porte principalement sur les secrétaires de mairie. Ce sont eux qui mâchent leur travail, et taillent leur besogne aux maires, et, s'il faut tout dire, les choses n'en vont pas plus mal pour cela, bien au contraire, car les maires passent, emportés par les orages politiques, tandis que les secrétaires restent avec la connaissance des affaires et la continuité des idées. Eh bien, ce qui est dans les administrations communales serait dans les administrations départementales. On aurait, là aussi, un secrétaire que son intelligence et sa probité feraient inamovible, non en droit, mais en fait, en le rendant utile, et il deviendrait la cheville ouvrière de la machine.

L'objection la plus sérieuse que notre système puisse soulever, c'est le danger qui pourrait naître de l'indépendance de maires et de préfets électifs, qui réuniraient cependant à leur caractère d'administrateurs des communes et des départements la qualité d'agents du pouvoir central. La gravité de cette objection n'est qu'apparente. D'abord, elle n'existe pas, en réalité, en ce qui concerne les maires. La restriction que la loi du 21 mars 1831 avait apportée, dans le choix de ces fonctionnaires, à l'exercice de la prérogative royale, avait, nous l'avons dit, rendu, sur ce dernier point, le droit du pouvoir central illusoire. Cependant, les législateurs de la monarchie de 1830 n'ont pas hésité à leur confier la publication et l'exécution des lois d'application générale et des mesures de sûreté publique, même dans les villes les plus populeuses et les plus vastes, où leur influence personnelle, secondée par leur pouvoir officiel, aurait pu devenir dangereuse. Pourquoi donc craindrait-on d'accorder à des préfets électifs une autorité analogue ? Leur action est sans doute plus étendue, mais elle est moins directe. Elle ne serait pas plus redoutable, elle serait plutôt moins menaçante que celle des maires, d'autant plus qu'ils agiraient sous l'œil même du commissaire du gouvernement.

Voici ce que serait, dans chaque département, ce représentant du chef de l'Etat. Il serait également délégué, auprès de l'administration départementale et auprès des administrations communales :

Pour surveiller et requérir la publication et l'exécution des lois d'application générale et des mesures de sûreté publique ;

Pour défendre l'intérêt de l'Etat contre le département et les communes ;

Pour maintenir l'administration départementale et les administrations communales dans la limite de leurs attributions, ainsi que pour réprimer les excès de pouvoir et les infractions à la loi, dont ces administrations pourraient se rendre coupables ;

Pour notifier, rappeler, maintenir les décisions de l'Assemblée nationale ;

Pour présider le tribunal administratif du département.

Placé au-dessus du préfet et des maires, moins surchargé de travaux bureaucratiques, plus maître de ses actes et plus libre dans ses mouvements, ce fonctionnaire, d'ordre supérieur, devrait toujours être prêt à se rendre sur tous les points du département où il serait utile qu'il agît dans un but immédiat et dans un intérêt instantané. Il aurait l'obligation d'apprécier, par des enquêtes et des investigations personnelles, tous les faits importants sur lesquels il pourrait avoir à renseigner le pouvoir central, chargé, à son tour, d'éclairer, quand il y aurait lieu, l'Assemblée nationale. Un de ses premiers devoirs serait encore de visiter toutes les communes, afin d'en connaître par lui-même les ressources de toutes natures, les tendances de toutes sortes, ce qui le mettrait en état d'en apprécier et d'en indiquer la situation matérielle et morale. Il y aurait ainsi plus de célérité dans son action, plus de certitude dans son jugement. Il serait, enfin, ce que les préfets auraient dû être et ce qu'ils n'ont jamais été qu'imparfaitement, un agent d'inspection, une source de lumière.

V. Des résultats de la réforme communale et départementale.

La réforme communale et départementale dont nous venons d'indiquer les principes et de poser les bases, aurait des conséquences de trois natures. les premières, administratives ; les secondes, financières ; les troisièmes, morales.

Les conséquences administratives porteraient à la fois sur les choses et sur les personnes. Elles consisteraient dans la concentration des forces, la simplification des rouages, la célérité des affaires. La concentration des forces serait le résultat de la diminution du nombre des unités communales agrandies. La simplification des rouages naîtrait de l'abolition des sous-préfectures, lesquelles seraient supprimées comme sont supprimées, dans tout engrenage, des roues devenues complétement inutiles au mouvement de la machine.

Né du décret du 22 décembre 1789, l'arrondissement, alors appelé district, fut détruit par la Constitution du 5 fructidor an III, en même temps que furent établies les administrations de canton. Rétabli par le décret du 28 pluviôse an VIII, dans l'ordre administratif et dans l'ordre judiciaire, l'arrondissement a longtemps existé également dans l'ordre législatif. Depuis de longues années, c'était même la seule considération qui plaidât encore en faveur du maintien des sous-préfectures, car nous avons démontré que leur action nuit plus qu'elle ne sert à l'expédition des affaires. Ce sont de vrais bureaux de retard. Ce n'est pas nous qui inventons cette qualification ; c'est aux maires, c'est aux préfets eux-mêmes que nous l'empruntons. Nous ne sommes ici qu'un écho.

Le suffrage universel, en emportant les colléges d'arrondissement, a détruit la seule raison qu'on pouvait avoir de conserver ces administrations. A l'époque où elles furent établies, la difficulté des communications les rendait nécessaires à l'activité des services publics. Mais les progrès de la viabilité communale et départementale en font aujourd'hui une station sans but et sans utilité. Du reste, les arrondissements, qui n'ont jamais existé civilement, ne possédant ni propriétés, ni établissements, n'ayant pas de budget, peuvent disparaître aisément dans l'ordre administratif, puisque la suppression des sous-préfectures n'entraînerait aucune liquidation. Il faut un trait de plume pour décréter, et le délai d'un mois pour réaliser cette mesure.

Enfin, la décentralisation de l'action administrative, fruit de l'émancipation des communes et des départements, amènerait dans l'expédition des affaires locales une célérité qui serait un progrès immense, un bienfait inappréciable. En effet, beaucoup de questions qui s'agitent maintenant dans les bureaux des préfectures, se décidant désormais dans les bureaux des mairies, seraient plus rapidement résolues ; de même qu'un grand nombre d'intérêts qui se discutent actuellement dans les bureaux des ministères, se traitant à l'avenir dans les bureaux des préfectures, seraient plus promptement réglés.

Les conséquences financières consisteraient à la fois dans un déplacement et dans une économie de dépenses. Voici ce que serait ce déplacement. Aujourd'hui, déjà, ce sont les départements qui payent les frais du personnel et du matériel administratifs des préfectures, puisqu'ils sont couverts par le produit des centimes additionnels. Ce n'est que par une fiction de comptabilité que, désignés sous le titre de *frais d'abonnements administratifs*, et portés au chapitre des services départementaux à la charge des fonds généraux du budget, ils sont compris dans les dépenses auxquelles il est pourvu par des crédits sur les revenus du Trésor public. Cela signifie simplement que l'État reçoit d'une main pour rendre de l'autre. Ce revirement de fonds n'a d'autre but que de fournir au pouvoir central les moyens d'assurer avec certitude le service des préfectures. L'émancipation des départements ferait disparaître cette fiction. Ce serait là une nature de dépenses naturellement retranchée du budget de l'État, et répartie entre les différents budgets départementaux, qui la comprendraient, chacun pour leur chiffre particulier. L'économie, relativement considérable, serait environ de 4,705,544 sur une somme de 8,760,000 fr., laquelle serait ainsi réduite au chiffre de 4,054,456 fr.

Voici comment se décompose, dans le budget de 1847, le chiffre de cette dépense :

Émoluments des préfets	1,705,000
— des secrétaires généraux	55,400
— des conseillers de préfecture	482,400
Indemnités pour fonctions de secrétaires généraux	25,800
Frais d'abonnements des préfectures	3,772,700
Abonnements au *Moniteur* et au *Journal de la librairie*	12,700
Émoluments des sous-préfets	958,000
Frais d'abonnnements des sous-préfectures	1,214,600
Mobiliers des hôtels de préfecture	225,000
Loyers des hôtels de sous-préfecture	155,000
Entretien des hôtels de sous-préfecture	175,400
	8,760,000 fr.

Les chiffres des trois dernières natures de dépenses varient nécessairement, selon les années et les circonstances ; mais ceux que nous indiquons peuvent servir de base moyenne. Ils doivent donc être adoptés. Ces trois natures de dépenses cesseraient aussitôt d'exister. La première disparaîtrait en même temps que les deux autres, car désormais les hôtels de préfecture n'auraient plus d'habitation personnelle. Les émoluments des sous-préfets, les frais d'abonnements des sous-préfectures seraient également rayés du budget dans leur totalité.

Les frais du personnel et du matériel administratifs des préfectures continueraient à subsister. Mais, même sur ces frais, on réaliserait une importante économie. Ainsi, les préfets justifient aujourd'hui aux Conseils généraux seulement de l'emploi des deux tiers de la somme qui leur est allouée. Le troisième tiers qui leur profite sert à accroître leur traitement. C'est là un fait si notoire qu'on peut dire qu'il est devenu le secret de la comédie. La somme de 3,772,700 fr. portée au budget, pour dépenses du personnel et du matériel administratifs des préfectures, se réduit donc, en allocations réellement employées à cet objet, à celle de 2,514,155 fr., que la réduction du nombre des communes et la décentralisation des affaires devraient encore diminuer au moins d'un tiers, par la diminution qu'elles produiraient dans les écritures et les correspondances. Cette nature de frais ne s'élèverait donc qu'à une somme qui doit être évaluée à 1,676,756 francs ; c'est une économie assurée d'environ 2,095,944 francs. Il serait nécessaire de prélever sur cette économie le traitement des secrétaires

de préfecture, fonctions nouvelles qui correspondraient aux fonctions actuelles
des secrétaires de mairie. Ce serait une dépense de 324,000 francs, à raison
d'un secrétaire à 8,000 francs, de huit à 6,000 francs, de trente-sept à 4,000 fr.,
de quarante à 3,000 francs. La diminution obtenue sur les frais du personnel
et du matériel administratifs des préfectures serait encore de 1,771,944 francs.

Enfin, les commissaires du gouvernement seraient suffisamment rétribués,
surtout dans ces temps de détresse publique et de misère privée, celui de
Paris avec 36,000 francs, ceux des huit villes de premier ordre avec
20,000 francs, ceux des trente-sept villes de second ordre avec 15,000 francs,
et ceux des quarante villes de troisième ordre avec 12,000 francs. La totalité
de ces divers traitements ne s'élèverait qu'à 1,251,000 francs. Mais, d'un autre
côté, la dépense des Conseils de préfecture, devenus tribunaux administratifs
de département, devrait être portée de 482,400 francs à 810,000 francs.
Chacun de ces tribunaux se trouverait alors composé de quatre membres, dont
le traitement serait à Paris de 6,000 francs, dans les villes de premier ordre de
5,000 francs, dans les villes de second ordre de 2,500 francs, et dans les villes
de troisième ordre de 2,000 francs. Le chiffre entier des traitements des fonctionnaires administratifs nommés par le pouvoir central serait de 2,041,000 fr.
Ces mêmes traitements s'élèvent ensemble actuellement à 2,266,600 francs.
On réaliserait donc encore sur ce chapitre, tout en améliorant la situation des
conseillers de préfecture, une économie de 225,600 francs.

Voici maintenant la récapitulation de toutes les suppressions et de toutes
les réductions de dépenses.

```
Suppression des traitements de sous-préfets . . . .   938,000 f. 00
      —         frais des sous-préfectures. . . . 1,214,600  00
      —              de mobiliers d'hôtels des
                         préfectures . . . . . .   225,000   00
      —              de loyer d'hôtels des sous-
                         préfectures . . . . . .   155,000   00
      —              d'entretien d'hôtels des
                         sous-préfectures . . . .  175,400   00
Réduction sur les frais des préfectures. . . . . . 1,771,944   00
      —     sur les traitements des fonctionnaires
                 administratifs . . . . . . . . .  225,600   00
                                                  ───────────────
                                                      4,705,544 f.
```

La somme qui serait définitivement affectée aux frais administratifs des
préfectures, dans l'organisation nouvelle, se diviserait en deux chapitres, dont
l'un serait réparti sur les quatre-vingt-six budgets départementaux, et dont
l'autre continuerait à figurer au budget de l'Etat. Chacun de ces deux chapitres
se subdiviserait en deux natures de dépenses.

Le premier comprendrait :

```
Les frais du personnel et du matériel ad-
    ministratifs. . . . . . . . . . . . . . . . . 2,000,756 f.
Les frais d'abonnement au Moniteur et au
    Journal de la librairie. . . . . . . . . .      12,700
                                                  ──────────────
                        A reporter. . . . . .   2,013,456 f.
```

Report................2,015,456

Le second comprendrait :

Les traitements des commissaires du gouvernement . . . . , ... 1,251,000 f.
Les traitements des membres des tribu-
naux administratifs 810,000

2,041,000

4,054,456 f.

Ainsi, sans que l'unité du pays en fût altérée, que l'intérêt de l'État en fût compromis, que l'action du gouvernement en fût entravée, les communes émancipées, acquérant de plus larges éléments de progrès, se développeraient avec beaucoup plus de puissance ; les départements seraient affranchis du despotisme étroit des bureaux des ministères ; les rouages du système administratif seraient simplifiés ; les affaires s'expédieraient avec beaucoup plus de célérité, et les contribuables, sur une dépense qui approche de neuf millions, éprouveraient un allégement de plus de moitié, au moyen d'une économie qui serait presque de cinq millions. Comprend-on bien tout ce que, dans la situation déplorable où se trouvent les finances de l'État, ce chiffre de cinq millions doit avoir de magique ? A aucune époque une économie pareille, se combinant avec l'amélioration d'un service public, ne serait à dédaigner. Mais alors que le fantôme de la banqueroute apparaît, menaçant, dans la perspective de l'avenir, ce serait un crime que de ne pas accepter, quand il existe, le moyen de dégrever le budget des dépenses d'une somme de cinq millions.

Les conséquences morales seraient bientôt d'une immense portée. Ce serait une révolution ou, pour nous servir d'une expression plus heureuse et plus vraie, une transformation politique. Aujourd'hui les gouvernements tombent et s'élèvent, au gré des caprices du sort, sans que les populations des départements jouent d'autre rôle qu'un rôle passif dans des événements d'une influence, tantôt favorable, tantôt funeste, sur les destinées générales du pays. Ce rôle consiste simplement à enregistrer le fait accompli, soit que ce fait les frappe de stupeur, soit qu'il les transporte d'enthousiasme. Que le despotisme ou la liberté, que la dictature ou l'anarchie, que la folie ou la raison s'asseyent au sommet de l'Etat, les gardes nationales, les autorités, les corps constitués suivent machinalement l'impulsion que leur donne le préfet, être amphibie qui n'appartient tout à fait ni au département, ni à l'Etat, et dont les sentiments sont dominés, dont les actes sont inspirés par cette habitude qu'il contracte de toujours obéir au moindre signe du télégraphe, quelle que soit la main qui trace ce signe.

En un mot, préfets et maires, Conseils municipaux et Conseils généraux, gardes nationaux et citoyens désarmés, tous se meuvent fatalement par la puissance de la centralisation, ressort qui joue également sous le doigt des libérateurs du peuple et des chefs de faction, comme se meuvent, par la force de la vapeur, les nombreux rouages d'une machine. C'est ainsi qu'à l'aide d'un coup de main s'accomplissent les révolutions qu'on maudit comme les révolutions qu'on bénit, et que s'établissent les gouvernements qu'on subit comme les gouvernements qu'on désire. A coup sûr, ce n'est pas là de la liberté ; ce n'est pas même de l'intelligence, c'est du mécanisme.

Le sort d'une grande nation ne peut cependant pas être constamment joué ainsi, dans les batailles que les partis se livrent, à certaines heures d'ivresse, aux portes d'un édifice dont le premier occupant devient le régulateur des destinées de tout un peuple, parce que cet édifice est l'hotel-de-ville de la capitale. Toutes les cités d'un vaste État ne peuvent dépendre de cette capitale, de la façon dont jadis les serfs relevaient de leur suzerain. La tête de la France est à Paris, mais son cœur est partout. Si l'on veut que la vie circule à toutes les extrémités du corps social, il faut que le sang, tantôt descende de la tête au cœur, et tantôt remonte du cœur à la tête, comme dans le corps humain. Il faut enfin que Paris, à son tour, reçoive, renvoyée par les départements, l'impulsion qu'il leur donne. Non-seulement l'opinion de chaque ville de France doit compter pour sa part légitime d'action dans l'accomplissement définitif de ces vastes événements qu'on nomme une révolution, mais il faut que parfois cette opinion puisse réagir, dans l'intérêt général, contre un fait aussi grave que celui d'un changement de gouvernement. Cette pensée n'a plus rien d'étrange, ni même de hardi, car de redoutables épreuves et de terribles angoisses ont déjà fait comprendre à tous qu'un jour pourrait arriver où ce que nous voulons serait la seule ancre de salut qui resterait à la France !

Mais, nous le demandons, existerait-il, dans une semblable conjoncture, un esprit public assez puissant pour aider le pays à traverser, sans faiblesse comme sans violence, sans dévoyer surtout de sa ligne d'unité, une aussi formidable épreuve ? On pense encore dans les départements, mais on n'agit plus, tellement on y est accoutumé à regarder Paris, pour interroger le télégraphe, afin de savoir de quel côté souffle le vent. Ce qui surtout fait défaut à notre époque, c'est un esprit public général, qui, se manifestant partout avec la même spontanéité et la même vivacité, donne à la véritable majorité du pays une puissance d'action si énergique et si prompte, que ce soit cette majorité qui seule puisse influer, par les voies légales et pacifiques, sur la durée des gouvernements et des institutions. Ce qui importe surtout à l'avenir de notre patrie, c'est de créer cet esprit public. Mais on ne le créera qu'en retrempant le patriotisme des populations dans la sphère communale et dans la sphère départementale, agrandies et développées par l'indépendance des intérêts locaux. Au sein de ces deux sphères, qui sont les écoles où s'apprend la pratique des affaires, tous les citoyens s'accoutumeront à vivre de la vie politique, et c'est dans les agitations de cette vie ardente et passionnée que se formera l'esprit public. Alors on possédera le secret de prévenir les révolutions qui s'accomplissent par les voies insurrectionnelles, car lorsqu'ils se verront obligés de compter avec le pays tout entier, les chefs de faction n'entreprendront plus de coups de main, dont ils sauront d'avance le succès inutile et vain. Les gouvernements pourront tomber encore, mais ils ne tomberont plus que devant l'opinion de la France.

Imprimerie de HENNUYER et Ce, rue Lemercier, 24. Batignolles.